INSTITUT IMPÉRIAL DE FRANCE.

ACADÉMIE DES BEAUX-ARTS

NOTICE HISTORIQUE

SUR LA VIE ET LES TRAVAUX

DE M. FONTAINE,

PAR M. F. HALÉVY,

SECRÉTAIRE PERPÉTUEL.

Lue à la séance publique du samedi 7 octobre 1854.

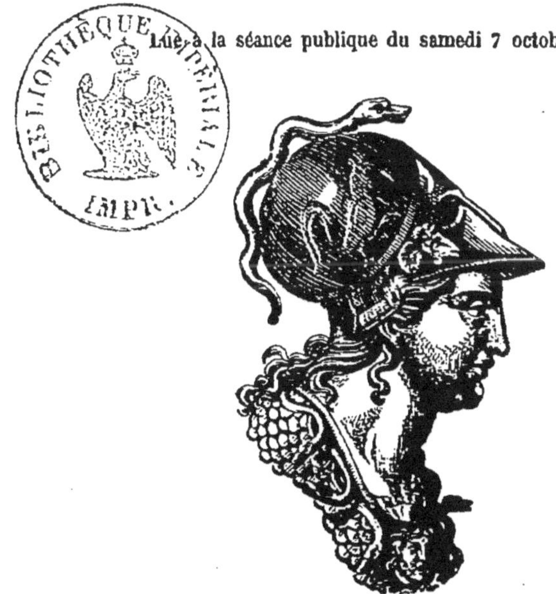

PARIS,

TYPOGRAPHIE DE FIRMIN DIDOT FRÈRES,

IMPRIMEURS DE L'INSTITUT IMPÉRIAL, RUE JACOB, 56.

1854.

ACADÉMIE DES BEAUX-ARTS.

NOTICE HISTORIQUE

SUR LA VIE ET LES TRAVAUX

DE M. FONTAINE,

PAR M. F. HALÉVY,

SECRÉTAIRE PERPÉTUEL.

Lue à la séance publique du samedi 7 octobre 1854.

L'amitié qui a uni M. Fontaine et M. Percier est si connue; elle est devenue si célèbre, si proverbiale, qu'il semble qu'on use d'une sorte de violence en séparant ces deux noms tant de fois prononcés ensemble, écrits au frontispice de tant d'ouvrages, de tant de projets, sur le marbre de tant d'édifices. On dirait que chacun de ces noms appartient invinciblement à l'autre, et qu'en les isolant on brise de nouveau cette alliance suprême de deux nobles cœurs, de deux grands esprits, que la mort seule avait pu briser.

Le temps rattachera les fils rompus de cette chaîne, et la postérité renouera la trame de ces deux existences si étroitement entrelacées. Quand ceux qui viendront après nous auront effacé la trace de nos pas, quand les petites distances que nous parcourons se seront confondues dans la longueur du chemin, quand l'heure qui sonne dormira sous le poids des années, ces deux noms ne se quitteront plus. On ne saura plus que l'un des deux amis s'est arrêté dans sa marche, qu'il s'est couché dans la tombe, que l'autre est resté seul pendant quinze ans. Il ne restera que le souvenir de travaux fraternels, d'une amitié constante, d'un dévouement sans bornes, et le reflet harmonieux d'une douce lumière, éteinte d'un seul coup, sans qu'aucun nuage soit jamais venu la troubler ni l'obscurcir.

Et cependant ces deux esprits, liés l'un à l'autre par un attachement si rare et avec une persévérance si tendre, étaient aussi divers qu'ils étaient unis. Riches de qualités opposées, ils trouvaient dans cette diversité même l'aliment fécond et salutaire qui fortifiait encore cette amitié puissante, toujours active et sans cesse excitée. Les qualités propres de chacun d'eux, et qui, isolées, se seraient peut-être refroidies, s'exaltaient en se combinant. De là, un ensemble complet, instrument merveilleux de richesse, de lucidité, d'abondance, de rapidité. L'esprit ardent, vif, pratique de M. Fontaine, logé tout à son aise dans un corps infatigable, servait de complément à l'esprit rêveur de M. Percier, enfermé dans une enveloppe débile. L'un avait besoin d'espace, l'autre trouvait le monde dans son cabinet. M. Percier employait sa paresse à travailler toujours; M. Fontaine ne dissipait aucune parcelle de son énergie, et l'apportait tout entière au service de M. Percier, qui ne semblait vivre que de la force de son ami. A l'un l'activité, la fièvre de l'exécution, la puissance qui se multiplie et s'accroît en agissant; à l'autre, le calme, les veilles tranquilles, le travail assidu , qui chérit le silence, et enfante sans quitter le foyer. Avec des natures aussi distinctes, des goûts aussi tranchés, des besoins si différents, des penchants aussi contraires, ils s'aimaient ; ils s'aimaient comme les pigeons de la Fontaine. Je ne veux pas dire que « l'un d'eux s'ennuyait au logis, » mais l'autre y restait volontiers. « Attendez les zéphyrs, qui vous presse ? » disait M. Percier. « Ne pleurez point, » répondait M. Fontaine, « trois jours au plus rendront mon âme satisfaite, je reviendrai dans peu. » Et en effet, il revenait, plein d'ardeur, riche de projets et de trésors nouveaux, plus heureux que le pigeon imprudent, ayant trouvé partout, j'imagine, « bon souper, bon gîte, et le reste. »

M. Raoul-Rochette a lu dans cette enceinte, en 1840, une notice pleine de charme et d'intérêt sur M. Percier. Que ne nous est-il donné de le voir encore au milieu de nous, de l'entendre, à cette même place, raconter à cette assemblée la vie de M. Fontaine, décrire et analyser ses travaux , assigner la place qui lui appartient parmi les maîtres, payer enfin à celui qui disparaît aujourd'hui le digne et pieux hommage si bien rendu à celui qui avait été enlevé le premier ! Achevant ainsi son œuvre, et couvrant de la même couronne ces deux grands artistes, il eût retracé leur histoire, et restauré, pour ainsi dire, leur amitié, comme ils auraient euxmême restauré les débris d'un noble monument que le temps aurait renversé.

Cette notice sur M. Percier, lue ici par M. Raoul-Rochette, est un des premiers travaux qu'il ait consacrés à l'Académie des beaux-arts, où il venait d'être appelé à remplacer M. Quatremère de Quincy, qui se retirait chargé d'ans et de renommée. Que de noms illustres et vénérés on rencontre dans l'histoire de l'Institut, et combien de devoirs ils imposent!

A défaut de la voix éloquente de M. Raoul-Rochette, nous aurons au moins un guide fidèle, sincère, dont l'exactitude ne saurait être mise en doute. Ce guide, ce sera M. Fontaine lui-même.

M. Fontaine a écrit l'histoire de sa vie, et pour ainsi dire l'histoire de son temps, qu'il raconte à une famille qui lui était chère : le 20 septembre 1839 (il entrait ce jour même dans sa soixante-dix-huitième année), il commençait son volumineux manuscrit par des paroles auxquelles Dieu permit qu'il donnât un heureux et long démenti : « Resté jusqu'aujourd'hui sans infirmité, dit-il, je pense cependant que le terme de ma longue carrière ne peut être éloigné. » Il travailla cinq ans à ce récit, et s'arrêta le 20 septembre 1844, jour anniversaire de sa quatre-vingt-deuxième année, comme il le dit lui-même dans une note tracée d'une main ferme et sûre. Le volume porte pour titre: « *Mia Vita,* » et pour épigraphe ces mots touchants : « *Morto che sarò, che nel pensier vostro io viva.* » Quatre ans plus tard, le 20 septembre 1848, « jour de mon entrée dans la quatre-vingt-septième année de ma longue vie, » écrit-il encore avec la même netteté, il reprend la plume; il raconte en quelques pages, et sous l'impression de la plus vive douleur, les événements du mois de février et la chute du roi Louis-Philippe. Puis il annonce qu'il veut enfin n'appartenir qu'à lui-même. « Après être resté sans interruption, » dit-il, « presque un demi-siècle dans l'exercice de la même place; après avoir été successivement, en commençant par la Convention et le Directoire, architecte du palais du Louvre, des Tuileries et de toutes leurs dépendances, sous le Consulat, sous l'Empire, sous Louis XVIII, sous Charles X, sous Louis-Philippe, et définitivement sous la république de 1848, je me détermine à solliciter ma démission. Je vais donc pendant quelques instants, s'il plaît à Dieu de me les accorder, jouir du repos que je n'ai jamais eu, et après lequel j'ai bien souvent soupiré. » Il écrivit au bas de la dernière page : « *Nunc dimittis servum;* » puis, regardant sa mission comme achevée, il ferma, pour ne plus le rouvrir, ce livre auquel il aurait pu ajouter tant de pages pendant six ans d'une existence paisible, heureuse et vénérée.

M. Fontaine, je dois le dire, craignait beaucoup les notices nécrologiques, et « les récits faux et mensongers » (c'est ainsi qu'il s'exprime) qu'elles renferment d'ordinaire. Il le déclare dès la première page de son manuscrit. J'aime à croire cependant qu'il excluait de cet anathème les notices et les éloges qu'on lit dans cette enceinte : « C'est pourquoi, » écrit-il, « j'ai pris le parti de rechercher dans mes souvenirs, dans mes notes, les moyens de faire connaître sans emphase la vie et les actions d'un homme qui, toujours ennemi de l'affectation, n'a jamais, pendant le long exercice de sa profession, eu d'autre but, d'autre pensée que de trouver, dans les sentiers du vrai et du juste, les moyens d'arriver au bien. »

On comprend que sous le coup d'un avertissement aussi sévère, et devant des matériaux laissés dans une telle intention, la vérité, qui est toujours un devoir, est aujourd'hui une impérieuse nécessité. Je vais donc supposer que M. Fontaine est ici présent au milieu de nous ; et de même que les secrétaires de Sully lui racontaient sa propre vie, je vais retracer à M. Fontaine lui-même les principaux événements de son existence, consultant sans cesse le précieux manuscrit, empruntant plus d'une fois ses propres expressions. Si quelque vérité le choque, il ne pourra s'en prendre qu'à lui. Nous parlerons surtout de sa jeunesse, de ses premières années déjà si éloignées de nous, laissant à l'histoire contemporaine le soin de parler de ceux de ses travaux dont nous avons été les témoins.

Pierre-François-Léonard Fontaine est né à Pontoise, l'aîné de sept enfants, le 20 septembre 1762, d'une famille où l'architecture, en quelque sorte héréditaire, avait cependant promptement dégénéré. L'aïeul, architecte d'abord, s'était bientôt contenté de quelque célébrité dans l'art de conduire les eaux et de décorer les jardins. Le père, architecte aussi, glissant encore plus vite sur la pente rapide, était devenu entrepreneur de bâtiments, puis plombier-fontainier; mais il était habile et honoré dans sa profession. Le génie du fils ralluma ce flambeau qui s'éteignait en se transmettant, et sut retrouver l'art, perdu dans cette industrie.

Le jeune Pierre fut placé de bonne heure au petit collége de Pontoise; il en sortit à seize ans. Son père avait besoin de lui, et l'envoyait à l'Ile-Adam, où il faisait exécuter de grands travaux dans le château du prince de Conti, sous la direction de l'architecte André. La vocation du jeune homme se fit bientôt jour. Son goût pour l'architecture se révéla, en même temps que son aptitude à la pratique de toutes choses. Travaillant avec les fontainiers à la pose des conduits en fer ou en plomb, avec les maçons à la construction des aqueducs, avec le contre-maître Jean Peuchaud à la comptabilité des ateliers, il allait ensuite, pour se reposer, pour se récompenser de ces travaux vulgaires, étudier les plans de l'architecte, recevoir ses conseils, copier ses dessins. C'est ainsi qu'au milieu des ouvriers de tout genre, sur le terrain même des chantiers, au sein d'une activité de tous les instants, il reçut une de ces éducations pratiques qui tracent des empreintes profondes et durables, et qui conviennent surtout à ces intelligences promptes, à ces esprits curieux et tenaces que le travail attire, que la difficulté excite, et que plus tard l'étude saura polir et vivifier.

Un autre jeune homme, nommé Thibaut, qui devait aussi devenir un artiste distingué, arriva alors de Paris à l'Ile-Adam. Déjà cité comme dessinateur, il venait pour mettre au net les projets de M. André. Les deux jeunes gens se convinrent, et une commune ardeur pour l'étude fut le lien d'une amitié durable; cette liaison fut surtout alors profitable à Pierre Fontaine. Les conseils, les leçons, l'exemple de Thibaut, un peu plus âgé que lui et beaucoup plus habile, éclairèrent son esprit d'une lumière nouvelle et achevèrent de déterminer sa vocation.

Ces deux jeunes gens, on pourrait dire ces deux enfants, n'avaient qu'un goût, l'étude de l'architecture, et ce goût s'éleva bientôt jusqu'à la hauteur de la passion. Tous les ans, à Paris, le jour de la Saint-Louis, on exposait publiquement les travaux des élèves de l'Académie d'architecture qui concouraient pour la pension de Rome. Les deux camarades de l'Ile-Adam éprouvèrent le plus vif désir d'aller voir cette exposition. Demander au sévère M. André la permission de faire ce voyage, c'eût été se soumettre d'avance à un refus certain. Ils se décidèrent à se passer de cette permission, et ne virent pas de meilleur parti à prendre qu'une fuite, une expédition nocturne : ils résolurent d'escalader les murailles et d'aller à pied à Paris. Ils s'entourèrent pour cette grande entreprise de toutes les précautions usitées par les malfaiteurs, et se munirent d'échelles de cordes, de lanternes sourdes et de pistolets.

Nous devons dire que Pierre Fontaine, âme de ce complot, était encouragé à cette aventure par la réussite complète d'une expédition du même genre qu'il avait menée à bien quelques années auparavant, pendant qu'il était encore au collége de Pontoise. Il n'avait alors que douze ans, et cette fois ce n'était pas une question d'architecture qui l'avait ému. Pierre Fontaine avait eu la fantaisie d'aller à l'Opéra.

Gluck venait d'arriver à Paris, et, le 19 avril 1774, on avait donné à l'Opéra la première représentation d'*Iphigénie en Aulide*. Le bruit de l'immense succès avait bientôt retenti jusqu'à Pontoise et percé les murailles du collége. Les merveilles qu'on racontait montèrent à la tête de l'écolier, qui se trouva pris d'une véritable obsession et d'un désir irrésistible d'aller admirer cette fameuse Iphigénie qui troublait son repos. La chose était difficile, ou pour mieux dire impossible. Il chercha des complices, et n'en trouva pas; l'aventure était trop pleine de périls : il entreprit de les braver seul.

Profitant d'un jour de fête et d'un congé qu'il avait obtenu à l'insu de ses parents, il sortit du collége dès que les portes en furent ouvertes, gagna le bord de l'eau, et, se jetant dans un petit bateau qui descendait la rivière, il oublia Pontoise, le collége et les professeurs! Il allait rejoindre la flotte grecque, il voguait vers l'Aulide; il rencontrerait bientôt Agamemnon, Calchas, Iphigénie, tout cet opéra qu'il avait rêvé, vers lequel il courait, en s'écriant comme Achille :

Et, quoi qu'on me prédise,
Je ne demande aux dieux qu'un vent qui m'y conduise !

Mais le petit bateau n'allait pas si loin; il s'arrêtait à une lieue de Pontoise, pour y charger des briques. Force fut au nouvel allié des Grecs de reprendre terre et de continuer son chemin pédestrement.

Il marchait depuis quelque temps et commençait à trouver la route longue, le pavé dur et le voyage pénible, lorsqu'il fut dépassé par un brillant équipage. Il ne put s'empêcher de jeter un regard de convoitise sur cette bonne voiture qui roulait si vite, qui paraissait si douce, et qui venait de le couvrir d'un nuage de poussière. A quelque distance, la voiture s'arrêta. Pierre Fontaine, qui marchait toujours, allait la dépasser à son tour, lorsqu'une voix l'interpella. C'était le voyageur, commodément installé sur de moelleux coussins, qui lui adressait la parole : « Vous semblez bien pressé, mon petit bonhomme ; où donc allez-vous si vite ?

— Je vais à l'Opéra, monsieur, répond l'écolier d'une voix ferme et d'un accent décidé.

— Comment, à l'Opéra !

— Certainement ; je vais voir *Iphigénie en Aulide.*

— Vous êtes donc bien riche ?

— J'ai deux petits écus et une pièce de douze sous ! dit fièrement le jeune amateur. »

Le voyageur fit monter près de lui le piéton poudreux, le conduisit à Paris, fit rectifier sa toilette, lui offrit un excellent dîner, et mit le comble à tant de gracieusetés en lui donnant un billet d'Opéra. Après le spectacle, l'écolier retrouva à la porte du théâtre le brillant équipage. Il y monta sans s'émouvoir, se fit ramener à Pontoise, et rentra tranquillement au collége, tout rempli de magiques souvenirs, encore muni de ses deux petits écus, de sa pièce de douze sous, et sans que personne pût se douter qu'il venait d'entendre Legros et mademoiselle Arnould, qu'il avait vu le coin du roi et le coin de la reine, M. Suard et l'abbé Arnaud, la Harpe et Marmontel, et le chevalier Gluck lui-même. M. Fontaine n'a jamais su le nom du protecteur bizarre auquel il devait tant de reconnaissance.

Mais le voyage nocturne avec Thibaut ne devait pas se passer aussi agréablement. Nulle voiture hospitalière ne les recueillit; il fallut marcher jusqu'à Paris, et marcher sans manger, car la bourse des conspirateurs était vide. Ils virent d'un œil morne et découragé ces plans, ces façades, ces dessins si bien rendus, qui n'avaient plus de charmes pour eux, et revinrent brisés à l'Ile-Adam, où les attendaient de justes reproches, l'inquiétude d'une mère et une sévère réprimande de M. André.

La fatigue de cette course insensée rendit le jeune Fontaine gravement malade : on le crut près de succomber; il fut condamné, ses jours furent comptés, et les médecins préparèrent les parents à la perte de ce fils chéri. Épreuve cruelle qui leur fut épargnée! M. Fontaine ne survécut guère que soixante-quinze ans à ce pronostic douloureux.

Mais M. Fontaine père comprit qu'un jeune homme capable d'un pareil dévouement à l'art qu'il chérissait ne pou-

vait plus se contenter des leçons qu'il recevait à l'Ile-Adam ;
il se décida à le conduire à Paris.

Pierre Fontaine fit son entrée solennelle dans la capitale,
puisqu'il avait gardé l'incognito dans ses deux premières vi-
sites, vers la fin d'octobre 1779, en croupe sur le cheval que
montait son père. Ils descendirent rue Montorgueil, à l'hôtel
Saint-Claude, tenu par M. Picquenard.

M. Picquenard, dont le nom est ainsi transmis à la postérité, était, dit M. Fontaine, « le filleul de mon père qui lui
avait prêté quelque argent, et il fut convenu qu'il me nour-
rirait et me logerait en acquit d'une partie de sa dette. » Cet
arrangement, plein de sagesse et d'économie, ne satisfit pas
longtemps le jeune artiste. Le séjour que son père, dans sa
prudence, lui avait préparé, offrait peu d'agréments, et les
hôtes manquaient d'élégance. L'hôtel Saint-Claude était le
rendez-vous, le quartier général, la bourse enfin des marchands de farine, des marchands de beurre, des marchands
de poisson de Pontoise. Pierre Fontaine s'occupa bientôt
de trouver un domicile moins fortement empreint des souvenirs de sa ville natale. L'amour de la patrie semble cependant avoir encore inspiré le choix de sa nouvelle résidence.
Il alla demeurer chez un marchand de farine de la rue des
Prouvaires ; mais au moins il y logeait seul.

Le lendemain même de son arrivée, il avait été présenté à
M. Peyre jeune, inspecteur des bâtiments du roi, dont l'école
d'architecture, située rue Boucher, était célèbre. C'est dans
cette école, où M. Percier venait aussi d'être admis, que les
deux jeunes architectes se virent pour la première fois, qu'ils
commencèrent à s'aimer, et que naquit cette communauté
d'études, de luttes, de travaux et de gloire.

Comme on le pense bien, l'objet de l'ambition des jeunes architectes était alors, comme maintenant, le premier grand prix de l'Académie. Mais, pour se présenter à ce concours, il fallait d'abord être élève de l'Académie.

Aujourd'hui les lettres, les sciences, les beaux-arts se prêtent dans l'Institut un mutuel appui, et dans ce concours généreux chacun sent redoubler son courage et sa force. On respire le même air, l'air d'une seconde patrie; et quoique les Académies vivent de leur propre vie, comme elles sont réunies par un lien fraternel, chacun, dans sa sphère, prend part à l'œuvre de tous. A cette époque, ce lien n'existait pas, et l'Académie d'architecture, comme les autres académies, vivait dans son isolement.

L'Académie d'architecture, établie en 1671 par les soins de Colbert et sous la protection de Louis XIV, se composait de trente-deux membres, parmi lesquels on comptait le professeur d'architecture, le professeur de mathématiques et le secrétaire perpétuel.

A l'époque où M. Fontaine étudiait, le professeur d'architecture était David Leroy, membre aussi de l'Académie des inscriptions, célèbre par ses voyages, par ses écrits, par sa publication sur les *Ruines des plus beaux monuments de la Grèce*. Un des premiers avec Winckelmann, David Leroy avait essayé en France, peut-être même en Europe, de ramener les écoles à l'étude de l'antiquité; il professait depuis quarante ans quand l'Institut fut créé, et il fut un des premiers élus de la classe des beaux-arts. Le professeur de mathématiques était M. Mauduit. Le secrétaire perpétuel était Sedaine.

Les étudiants étaient partagés en deux classes: les uns, en

nombre illimité (c'était le vulgaire, le peuple, le tiers état), pouvaient bien suivre tous les cours et concourir pour les médailles que l'on donnait tous les mois, mais ils ne pouvaient être admis au concours dont la récompense était le grand prix.

Ce privilége était réservé aux élèves de l'Académie, véritables patriciens des écoles. Chaque membre de l'Académie avait le droit de désigner un élève, de le prendre sous son patronage, de le présenter au grand concours. Il faut signaler encore une particularité remarquable. Le lauréat ne recevait pas nécessairement la pension de Rome. L'Académie décernait le prix, le ministre de la maison du roi donnait la pension. Un élève pouvait remporter le prix sans recevoir le brevet de pensionnaire ; le ministre donnait souvent le brevet à un élève qui n'avait pas obtenu le prix.

M. Fontaine parvint enfin à mériter l'honneur d'entrer dans le corps d'élite des étudiants privilégiés. M. Heurtier, membre de l'Académie, le choisit pour son élève, et lui ouvrit ainsi l'entrée du grand concours, auquel il ne fut admis cependant qu'après de persévérantes études.

Le concours d'architecture qui vient d'avoir lieu cette année même à l'Académie des beaux-arts, pourrait fournir l'occasion d'un rapprochement qui ne manquerait pas d'intérêt. Les sujets de programme ne sont pas inépuisables : or, il se trouve que, par un hasard assez remarquable, le sujet que les jeunes architectes ont eu à traiter cette année est à peu près le même que celui qui fut donné pour le concours de 1785, le premier auquel prit part M. Fontaine, et dans lequel il obtint le second grand prix. Nous devons dire, à l'éloge de l'Académie actuelle, dût sa modestie en souffrir, que le programme donné aujourd'hui est plus complet dans son ensemble, plus satisfaisant dans son esprit; qu'il a dans son énonciation quelque chose de plus grand, qu'il est pourvu de détails qui ajoutent encore à la richesse de la donnée principale. Ne serait-il pas curieux de rapprocher les travaux faits pour ces deux concours? Et si ces dessins, tracés depuis trois quarts de siècle, ont pu être conservés, si, malgré les tumultes de tant de révolutions, ils dorment encore dans la paix poudreuse de nos archives, ne serait-il pas opportun de les éveiller, de secouer cette poussière, de comparer les styles, les maîtres, les élèves, l'enseignement, de rajeunir ces couronnes flétries, en présence des jeunes lauriers que l'Académie vient de décerner? Et fasse le ciel que les jeunes artistes couronnés tout à l'heure soient appelés à fournir une carrière aussi remplie, aussi brillante que celle de l'homme éminent dont nous esquissons la vie!

Ces travaux oubliés, ces maîtres dont plusieurs furent célèbres, ces élèves qui ne sont plus, et dont quelques-uns devinrent aussi des maîtres, ces témoignages d'un enseignement qui allait s'éteindre pour renaître plus brillant, ces débris d'une école que le temps allait rajeunir, le temps les sépare encore moins de nous que les changements survenus dans nos mœurs, dans notre vie publique comme dans notre vie privée, dans nos goûts, dans nos arts eux-mêmes. Qui ne sait que si les principes du beau, du grand, du vrai sont immuables, des besoins nouveaux, des habitudes nouvelles produisent aussi des formes nouvelles, quelquefois peu conformes à ces principes qu'on respecte toujours, et qu'on viole si souvent, et qu'on ne proclame jamais aussi haut qu'alors qu'on les oublie? Il se pourrait bien qu'à de certaines époques, le simple et le vrai fussent logés dans l'île escarpée et sans bords dont nous parle le poëte. Quelques pilotes, dévoués et courageux, croisent autour de l'île, s'efforçant de ramener ceux qui en sont dehors. Navigation difficile, où l'on chavire souvent! mission pleine de périls, qui n'offre souvent au pilote, pour toute récompense, que les railleries de ceux qu'il voudrait sauver!

On demandait aux concurrents de 1785 un *projet pour la sépulture des rois et des princes de la famille royale*. On ne peut s'empêcher d'être tristement ému en songeant à ce programme, à cette date, à cette famille royale! Nous pouvons dire ici comment M. Fontaine avait traité ce sujet. A défaut du projet même, nous avons la description que l'auteur en a laissée, et que nous respecterons :

« J'avais imaginé, dit-il, de placer sur le sommet de la montagne de Montmartre l'édifice demandé. Après avoir indiqué par des étages de portiques différents au-dessus les uns des autres, les rangs qui distinguaient les sépultures des souverains, celles des princes et celles des grands, je consacrais dans un ordre méthodique, et dans une disposition régulière, le reste de la montagne, jusqu'au boulevart extérieur, à la sépulture des habitants de la capitale. J'avais, dans le dessin de ma façade générale, supposé l'effet d'un coup de tonnerre qui éclairait le sommet de la pyramide circulaire, sur laquelle on voyait, au centre d'un cercle de coursiers lancés au galop, la statue du Destin qui portait sur le monde, la faux à la main, la mort dans toutes les directions. J'ai lieu de croire, ajoute M. Fontaine, que ma pensée, un peu alambiquée, et à laquelle je n'avais pu joindre aucune explication, n'a pas été comprise, et que mon coup de tonnerre seul, quoique assez mal rendu, m'a fait avoir le second grand prix, auquel je n'aurais pas même osé prétendre. »

Il est curieux de lire l'opinion que M. Fontaine émet, après tant d'années, sur cette composition juvénile, qu'il apprécie, comme on le voit, sans trop d'indulgence. Il traite avec la même indifférence plusieurs ouvrages de sa jeunesse. Il est souvent père dénaturé, et n'a pas beaucoup d'entrailles.

On sera certainement frappé, en lisant cette description, de la similitude qui existe entre le projet ainsi développé par la jeune imagination de M. Fontaine et le projet proposé cette année. Car l'idée de placer le monument sur une montage, fournie aujourd'hui par le programme de l'Académie, n'était pas indiquée dans l'ancien programme, ét appartient tout entière à M. Fontaine. Il y a donc là une invention, une conception hardie qui grandit le sujet, puisque, sous le crayon du jeune artiste, le tombeau prend les proportions d'une vaste nécropole. Il y a aussi une certaine poésie dans l'idée aussi bien que dans l'effet de ce coup de tonnerre qui éclaire le sommet de l'édifice. Mais, sans manquer au respect que l'on doit à la mémoire de M. Fontaine, ne pourrait-on ajouter quelques observations aux siennes, et dire, non pas à l'académicien, mais au jeune concurrent, qu'en esquissant sa composition il était sous l'influence d'une étude trop jalouse, trop exclusive, trop ardente des arts et des mœurs de l'antiquité; que son projet est païen, que la religion en est absente, que la prière n'y a pas de place? Il est certain que ce monument aurait mieux convenu à la race d'Agamemnon qu'à la famille du roi Très-Chrétien, et que si on l'eût exécuté, le Destin aurait pu, à bon droit, s'étonner de se voir à Montmartre.

Quoi qu'il en soit, ce projet mérita à M. Fontaine le second prix et presque le premier, accordé, à la majorité d'une voix seulement, à l'élève Moreau, devenu plus tard aussi un architecte distingué. Mais M. Fontaine ne poussa pas plus loin la recherche des récompenses académiques; il s'arrêta et ne concourut plus. Il faut en dire la raison.

L'année précédente, un jeune peintre qui a laissé de grands souvenirs, Drouais, élève de David, avait remporté avec éclat le grand prix, et obtenu la pension de Rome, où il allait mourir, où Fontaine et Percier, devenus ses amis, devaient, avec le sculpteur Michallon, lui élever un monument consacré par la piété de ses camarades. Son tableau de prix, *la Cananéenne pénitente*, avait excité un véritable enthousiasme, et les élèves, décernant à Drouais les honneurs d'une ovation publique, l'avaient porté en triomphe autour du Louvre, et, chose inouïe, avaient applaudi les académiciens !

Un pareil phénomène était gros de tempêtes. Le second prix d'architecture, accordé à Fontaine, ne satisfit pas les élèves, qui lui décernaient le premier; et je n'ose dire ici avec quelle irrévérence ils traitèrent cette fois les juges du concours.

Le scandale fut grand, et le pauvre Fontaine en porta tout le poids. On l'accusa d'avoir été un des auteurs d'une manifestation qui l'avait au contraire profondément affligé, prévoyant bien qu'on l'en rendrait responsable. Il crut qu'il ne pourrait effacer de l'esprit de ses juges une prévention que son caractère droit, sa conduite régulière et laborieuse, sa reconnaissance et son respect pour ses maîtres auraient certainement fait évanouir, et il renonça sur-le-champ à courir les chances de ce premier prix qu'il devait être appelé à donner tant de fois.

Il fallait cependant voir l'Italie, Rome surtout. Il demanda encore à son père vingt-cinq louis. Muni de ce subside, que la tendresse paternelle augmenta de la promesse d'une pension de 400 francs, il se décida à partir pour Rome.

Il y a aujourd'hui soixante-neuf ans que le coche d'Auxerre, relégué désormais dans les souvenirs fabuleux de nos anciennes traditions, quitta le port Saint-Paul à Paris, recélant dans ses flancs toute une compagnie d'heureux artistes commençant ainsi, en remontant lentement la Seine, ce voyage qui ne devait se terminer que sur les bords sacrés du Tibre. La joyeuse compagnie se composait de Pierre Fontaine ; de Dufour, architecte comme lui, et qui occupa aussi une place dans son amitié ; de Michallon, qui venait de remporter le prix de sculpture, et de quelques autres artistes. Laissons-les tous sur le coche d'Auxerre, et sans les suivre dans ce long voyage, accompli difficilement, à pied, en voiture, sur les fleuves, sur la mer, qui ne leur fut pas clémente, retrouvons-les à Rome, où ils arrivèrent à la fin de l'année, dans la saison des pluies. Mais rien ne pouvait empêcher nos jeunes amis de parcourir avidement la ville fameuse, objet de leur ardente aspiration.

Quand le premier enivrement fut passé, quand il fallut descendre de ces nobles hauteurs, pleines de ravissements, pour s'occuper des choses vulgaires de la vie de tous les jours ; quand il fallut quitter tous ces grands souvenirs, et sortir du Forum pour entrer chez le restaurateur, un profond découragement s'empara de l'âme de Pierre Fontaine. Il fallait oublier les beaux noms de l'antiquité, pour écrire à un oncle, chanoine à Lisieux, qui avait promis une petite pension, dont le quartier n'arrivait pas. Le présent était plein d'inquiétudes; il ne restait plus rien des vingt-cinq louis. La fortune vint heureusement, d'une main avare, il est vrai, au secours de la bourse épuisée. Un soir que Fontaine et Dufour rentraient à leur modeste domicile de la porte *Pinciana,* tout près du beau palais de la *Villa-Medici,* qui n'était pas encore le palais de notre Académie, et où flotte aujourd'hui le drapeau de la patrie, pour rappeler sans cesse à nos jeunes artistes que la France compte sur eux, que leurs travaux lui appartiennent, que leur avenir fait désormais partie de l'honneur du pays; un soir, ils avaient osé confier quelques *bajocchi,* leur dernière ressource, au hasard de la loterie papale, et ils avaient gagné! Vingt piastres (cent francs) tombaient dans leurs mains frémissantes! Trésor inespéré qui leur rendait le courage! secours venu du ciel! manne bienfaisante, qu'ils eurent la sagesse de ne pas chercher à recueillir une seconde fois!

M. Fontaine, pour se créer des ressources, voulut faire des vues de Rome, les colorier à l'aquarelle, afin de les vendre aux étrangers, curieux de ces sortes de souvenirs; « mais après plusieurs essais qui eurent peu de succès, » nous apprend M. Fontaine, « je reconnus que je devais, avant tout, étudier le dessin, que je savais fort peu, et apprendre la perspective, que j'ignorais entièrement. »

M. Fontaine rencontra alors, dans un café de la rue du Cours, un vieux gentilhomme français qui avait le goût de toutes les belles choses; il se nommait M. de Nainville. Fixé à

Rome depuis plus de vingt ans, un revenu médiocre lui suf-
fisait pour vivre dans la paix que donne la culture des lettres
et l'amour des arts. Le vieux gentilhomme s'intéressa au
jeune artiste et le prit en sincère amitié. Frappé de son désir
de s'instruire, il voulut combler les vides d'une éducation
imparfaite, et commença par lui enseigner ce dont il avait le
plus besoin, la perspective : car M. de Nainville dessinait
très-bien. Ils visitaient ensemble les monuments de Rome,
et s'arrêtaient surtout devant les débris qui peuplent le Forum. Là, assis sur une pierre tombée d'un fronton en ruines,
M. de Nainville expliquait à l'élève attentif les règles de la
perspective, et lui faisait tracer sur le sable les opérations nécessaires. Un souffle de vent effaçait quelquefois la leçon
ébauchée, mais elle renaissait pleine de vie dans les souvenirs
du jeune homme. Souvent aussi elle restait gravée sur le sol,
abandonné aujourd'hui à sa majestueuse solitude, et le maître et l'élève, dans leurs promenades matinales, retrouvaient
les lignes oubliées dans le sentier désert. D'autres jours,
M. de Nainville, par un ingénieux enseignement, lui expliquait Virgile dans la langue du Tasse ; ou bien encore, en-
trant dans le Colisée, à l'ombre des portiques, il lui apprenait
Rome, Tacite et Cicéron à la main. Noble amphithéâtre
pour ces leçons solitaires données avec simplicité, reçues avec
respect, et qui achevaient, au milieu de Rome, une éducation
commencée dans l'école obscure d'une petite ville des Gaules.

Au milieu de ces leçons dont M. Fontaine conserva toujours
le souvenir, il apprit avec bonheur que Percier venait de
remporter le grand prix d'architecture, qu'il allait venir à
Rome ; et bientôt une lettre de Percier lui annonça une
autre nouvelle qui changeait tout à fait une position si

pleine d'incertitudes : « Je suis plein de joie, écrivait Percier ;
Fontaine vient d'obtenir la pension. » C'était M. Heurtier
qui, veillant de loin sur l'élève dont il avait vu à regret
l'éloignement, avait obtenu pour lui cette faveur de M. de
Breteuil, ministre de la maison du roi. M. de Breteuil s'était
rappelé que M. Fontaine père avait exécuté pour lui des travaux importants, et il récompensait dans le fils l'habileté et
la probité du père.

Percier et Fontaine, bientôt présentés à M. Lagrenée, directeur de l'École, et installés au palais de France, nouèrent
plus fortement la liaison commencée dans l'atelier de
M. Peyre. Témoins des dissipations de quelques-uns de
leurs camarades, ils s'isolèrent dans leur amitié. « Nous fî-
mes, Percier et moi, nous dit M. Fontaine, sans bruit, sans
éclat, un pacte d'amitié, fondé sur l'estime et la confiance.
Nous concertâmes ensemble un plan d'études qui plus tard
nous a été très-utile. »

Ce plan d'études concerté entre deux jeunes gens dont
le plus âgé avait à peine vingt-quatre ans, et c'était M. Fontaine, était remarquable par la nouveauté qu'il présentait.
Les deux amis, dans leur ardeur intelligente, avaient été
frappés par une révélation subite ; un éclair de génie venait
de leur montrer qu'il y avait deux Romes dans Rome. Ils
furent comme éblouis de l'éclat que répandaient des ri-
chesses merveilleuses jetées à profusion sur ce sol généreux, et que les architectes, leurs devanciers, fermant les
yeux à la lumière, n'avaient pas aperçues, ou, pour mieux
dire, n'avaient pas voulu voir. Pour eux, leurs regards em-
brassèrent tout ce vaste horizon. A côté des temples en
ruines, ils virent les églises et les basiliques debout. A côté

des palais couchés dans la poussière, près des thermes écroulés, ils virent les palais pleins de vie des seigneurs romains. Sur les voies antiques, ils admirèrent ces *villas*, ces jardins, que l'art de la renaissance avait semés au milieu de tant de débris. En présence de ces beautés, ils firent deux parts de leur vie. L'une, consacrée aux devoirs imposés aux pensionnaires, appartenait à la Rome des Césars ; l'autre, que de vaines distractions auraient pu emporter, fut consacrée à la cité moderne. M. Fontaine rend ainsi compte de ces doubles travaux : « Dès le grand matin, nous allions chaque jour explorer, dessiner, mesurer tous les édifices dans lesquels nous trouvions les traces du bon goût qui pendant le XVe et le XVIe siècles régna dans l'Italie. Nous rentrions ensuite chacun chez nous pour mettre au net les fruits de la récolte de chaque jour. Ainsi nous passions le temps, ne négligeant en aucun point les règlements du pensionnat. » Ces dessins et ces études leur servirent pour la publication de leurs ouvrages sur les *Palais et maisons de Rome*, et sur les *Maisons de plaisance de l'Italie*, publication qui les aida à supporter les mauvais jours qui les attendaient à leur retour dans leur patrie. C'est à cette époque que M. Fontaine fit deux beaux dessins qui sont encore dans son cabinet. C'étaient deux vues, prises toutes deux du sommet de *Monte-Mario*, l'une de la Rome antique restaurée, l'autre de Rome actuelle. Ces deux ingénieux dessins étaient pour ainsi dire le résumé de ces doubles études.

Il faut passer rapidement sur les travaux de M. Fontaine pendant la durée de ce pensionnat, dont il observait les règlements avec une exactitude si louable. Disons seulement qu'il avait entrepris un magnifique projet de restauration, un travail sur les eaux et aqueducs de Rome, qu'il devait exécuter avec un de ses camarades, plus tard aussi membre de l'Institut, M. Bonnard. Ils voulurent en commencer les études par une visite au lac *Bracciano*, dont les eaux, qui font quinze lieues dans un aqueduc construit depuis deux mille ans, tombent encore aujourd'hui, abondantes et limpides, dans les vasques de la fontaine Pauline. Ils voyageaient à pied, chassant le long du chemin, quand tout à coup le fusil de M. Fontaine part à l'improviste, et va frapper le pauvre M. Bonnard, qui se croit mort, et tombe. Heureusement, la blessure était légère. « Mais les affreuses pensées qui me vinrent toutes à la fois, dit M. Fontaine, me causèrent une telle émotion, que ce ne fut pas le blessé qui se mit au lit. » Ce coup de fusil éloigna M. Bonnard d'un collaborateur aussi dangereux, et les études du lac *Bracciano* furent interrompues.

D'ailleurs les nouvelles qui venaient de Paris commençaient à troubler la paix de notre école, et M. Fontaine dut bientôt quitter Rome : son père le rappelait. Les premiers événements de la révolution l'avaient ruiné, et il réclamait avec instances la présence et le secours de l'aîné de ses enfants.

Fontaine ne pouvait hésiter ; il partit, et, pour ménager le peu d'argent qu'il avait à sa disposition, il s'associa avec son ami Dufour, et fit avec lui tout le voyage à pied.

La joie que causa son retour, et que lui donnaient aussi les embrassements d'une famille qu'il n'avait pas vue depuis cinq ans, fut bientôt assombrie. Déjà la pauvreté menaçait la maison. Les ateliers étaient déserts. M. Fontaine vit que sa présence ne serait qu'une charge de plus, que sa place était à Paris ; que là seulement, malgré les difficultés du temps, il pouvait espérer d'être utile à ceux qu'il aimait. Il sortit plein de tristesse, mais plein de courage, de cette maison autrefois si heureuse; et sans prévenir son père, qui ne connut sa résolution que par une lettre qu'il lui laissa, il alla demander du travail à la capitale, pleine de trouble et d'agitation.

Avant de trouver ce travail, il fallait d'abord trouver un asile. Il pensa à son ami Thibaut; mais Thibaut était encore à Rome. Cependant, comme les temps étaient durs, M. Thibaut père consentit à louer tout meublé le logement de son fils, au prix de 150 francs par an.

C'est dans ce pauvre domicile, situé au fond d'une allée obscure, dans une de ces petites rues tristes et fangeuses qui vont, ou plutôt qui allaient, de la rue Saint-Denis à la rue Saint-Martin, que s'installa d'abord l'architecte futur de tant de souverains; c'est là qu'il commença par d'humbles travaux une carrière destinée à tant d'éclat. Un fabricant de meubles (1) lui demanda quelques dessins, qui réussirent. Puis vinrent les fabricants de papiers peints et ceux d'étoffes de soie. Bientôt des artistes l'employèrent. L'architecte Ledoux, qui allait publier ses *Barrières de Paris*, lui fit aussi faire des dessins; il acceptait tout, attendant des jours meilleurs et des occupations plus dignes d'un lauréat.

Cependant son esprit s'éteignait dans ces travaux obscurs. La lutte stérile qu'il soutenait depuis deux ans flétrissait son cœur et épuisait son courage. Cette vie lui devint insupportable. Après un conseil où se réunirent ses amis, Percier, récemment arrivé de Rome, M. Bernier, dont nous

---

(1) M. Jacob.

n'avons pas encore parlé, et M. Bonnard, celui qui avait reçu le coup de fusil du lac *Bracciano*, après beaucoup d'incertitudes, après avoir pensé à se faire soldat, il choisit de tous les partis le plus hasardeux : il résolut d'aller tenter la fortune à Londres. M. Bonnard devait l'y accompagner. M. Bernier les conduirait jusqu'au Havre ; quant à Percier, il se trouvait bien à Paris, il y resterait tranquillement, au milieu de quelques élèves qu'il avait réunis, et qui formèrent le noyau d'une école « à laquelle, dit M. Fontaine, il a laissé son nom. »

Quitter la France à cette époque, et pour passer en Angleterre, c'était se désigner soi-même aux terribles rigueurs de la loi, se ranger parmi les suspects, marcher pour ainsi dire au-devant de la proscription. Certes, il fallait que M. Fontaine désespérât profondément de lui-même pour suivre une inspiration si pleine de dangers.

Ils partirent pour le Havre, à la hâte, sans passe-port, sans savoir s'ils pourraient s'embarquer, exposés à toutes les chances sérieuses ou comiques d'un voyage si follement entrepris. A Poissy, on les conduisait en prison comme suspects, lorsque le commandant de la garde nationale, qui avait été toiseur dans les ateliers de M. Fontaine père, vint les délivrer, leur offrir de bons lits et un excellent souper. A Barentin, au milieu de la nuit, on arrête leur voiture, chargée de voyageurs dont aucun n'a de passe-port. Un *laissez passer* pour une malle, trouvé par hasard dans la voiture, sert de passe-port pour tout le monde, et satisfait l'officier visiteur, qui ne savait pas lire. Ils parvinrent enfin au Havre, où M. Bernier s'arrêta. Les deux autres, Fontaine et Bonnard, finirent par trouver, à prix d'argent, un patron qui consentit à les passer en Angleterre, et qui commença par les tenir cachés sous des planches, pendant vingt-quatre heures, au fond d'un mauvais bateau, pendant que la police y faisait des perquisitions. Ils arrivèrent à Londres épuisés de force, de courage et d'argent.

Ce qu'il y eut de plus curieux pour eux dans ce voyage, c'est qu'ils passèrent partout, au Havre, comme dans la barque, comme plus tard à Londres, pour deux émigrés de haute volée, pour deux chefs, deux conspirateurs importants. Ils avaient fait la traversée avec des passagers qui avaient des raisons plus sérieuses de se cacher et de quitter la France. C'étaient deux prêtres, un officier suisse échappé au massacre du 10 août, et un gentilhomme normand qui avait su se dérober à d'actives poursuites. C'était lui que la police avait cherché sur leur tête, dans le bateau même où il était caché avec eux. Pour bien convaincre leurs compagnons de route qu'aucun motif politique ne les conduisait en Angleterre, et pour éviter des confidences embarrassantes, nos deux architectes s'étaient donnés pour des ouvriers bijoutiers, allant chercher de l'ouvrage à Londres; mais plus ils affectaient de jouer ce rôle modeste, plus on leur prêtait de projets téméraires : le gentilhomme normand surtout s'était attaché à eux, leur répétant sans cesse, du ton de la plus grande déférence : *Je respecte votre secret.* Ils eurent bientôt le mot de l'énigme. M. Fontaine avait, comme tout le monde, travaillé aux fortifications détachées que l'on élevait autour de Paris. Dans la rage de dessiner qui le poursuivait partout, il n'avait pu s'empêcher de prendre un croquis de ces petites forteresses. L'émigré avait vu ce dessin, il finit par s'en emparer; et lorsque les faux bijoutiers arrivèrent à Londres, le gentilhomme normand les conduisit à l'hôtel Sablonnière, rempli de réfugiés français, fit voir à tous le croquis indiscret, et présenta nos artistes comme deux officiers du génie, avec lesquels il allait partir pour rejoindre à Ostende l'armée du comte d'Artois. C'était, comme on le voit, plus gascon que normand. Fontaine, voyant l'inutilité de ses dénégations, prit le parti de quitter le soir même cet asile dangereux ; mais le maître d'hôtel, persuadé aussi qu'il avait affaire à de hauts personnages qu'un intérêt puissant forçait à se déguiser, les rançonna tellement que le fond de leur bourse y resta. Jamais dessin ne rapporta à M. Fontaine ce que ce mauvais croquis lui coûta, et voilà où peut conduire l'abus du dessin et l'usage immodéré du croquis.

Tant de peines et d'inquiétudes ne devaient être suivies d'aucun résultat heureux. M. Fontaine ne trouva à Londres d'autres travaux que ceux qui l'avaient fait fuir de Paris : c'étaient toujours des ornements, des bordures, des dessins pour les papiers peints. Il prit ce travail en si grande aversion, qu'il se trouva heureux d'avoir à faire des dessus de tabatières. Il regretta bientôt amèrement d'avoir quitté la patrie, et une lettre de son père vint mettre le comble à ses regrets : « Un décret injuste, écrivait celui-ci, confisque les biens des pères dont un enfant serait passé à l'étranger sans mission reconnue, ou qui refuserait de rentrer en France après le délai fixé par la loi. Ainsi, le peu que je possède va être saisi. Comment et avec quoi pourrai-je nourrir ta mère, ton frère et tes sœurs ? » M. Fontaine allait partir, lorsqu'il reçut de M. Percier une proposition qui hâta encore son départ. Il faut, avant de faire connaître cette proposition, qui pourrait paraître bizarre, donner ici quelques explications nécessaires.

Un jeune poëte, dans toute la verdeur d'une renommée naissante, avait composé, quelques mois avant le départ de M. Fontaine pour Londres, une tragédie destinée au Théâtre-Français, alors établi à l'Odéon. Le sujet de cette tragédie était *Lucrèce*. Le théâtre comptait sur un grand succès. On eut l'idée d'ajouter au mérite d'une composition importante l'intérêt tout nouveau, l'éclat inaccoutumé de la reproduction, aussi exacte que possible, des lieux, des costumes, de tous les accessoires nécessaires à l'action. On voulut faire, et pour la première fois peut-être, ce qu'on nommerait aujourd'hui une *mise en scène* historique. L'auteur de la tragédie, M. Arnault, pensa pour ce travail à M. Percier, et lui demanda de représenter, en cinq décorations aussi fidèles que ses études pouvaient le faire espérer, la ville, les champs, les habitations de la Rome des Tarquins. M. Percier n'accepta qu'après s'être assuré du concours de M. Fontaine. Il arriva ce qu'on n'a vu que trop souvent. Le théâtre s'était trompé, ou peut-être le succès se trompa-t-il; *Lucrèce* ne put arracher au public les applaudissements prodigués à *Marius à Minturnes*. Mais l'honneur des jeunes architectes avait été sauvé, et leurs décorations, sérieusement étudiées et habilement composées, avaient attiré l'attention et mérité les éloges des artistes, des savants et des critiques.

Or, voici ce qui venait de se passer, et voilà quelle était la proposition qu'adressait M. Percier au voyageur dans la détresse. M. Pâris, architecte célèbre, directeur des décorations de l'Opéra, venait de donner sa démission. M. Percier demandait à son ami Fontaine d'accepter avec lui cette place qu'on leur offrait, avec quatre mille cinq cents francs!

C'était le Pactole, en assignats, il est vrai. M. Fontaine

se hâta d'accepter. Il revint à Paris, retrouva M. Percier qui l'attendait au milieu de ses élèves, dans un appartement de la rue Montmartre, que déjà ils habitaient en commun; et tous deux furent bientôt installés dans leurs fonctions nouvelles par M. Célérier, aussi architecte, et directeur de l'Opéra.

S'il y avait à cette époque beaucoup d'architectes attachés à l'Opéra, en revanche on y comptait peu de musiciens. La musique était devenue toute guerrière. M. Sarrette organisait le Conservatoire, dont la mission était de former d'habiles artistes, qui savaient aussi mourir sur le champ de bataille. Gossec et Cherubini dirigeaient des chœurs populaires. Rouget de l'Isle, grand musicien un seul jour, avait déposé toutes les inspirations de son âme dans un air sublime qui restera debout comme un monument. « La Victoire en chantant nous ouvre la barrière, » s'était écrié Chénier, et Méhul avait trouvé un chant si beau, qu'il semblait celui de la Victoire elle-même : noble chant! qui ne peut périr en France, et que « du nord au midi » répète fièrement aujourd'hui un double chœur formidable de braves marins et de valeureux soldats!

Pendant ce temps l'Opéra, qui ne trouvait rien à opposer à des accents aussi puissants, restait muet. Mais il ne renonçait pas à séduire le public, qu'il cherchait à captiver par d'autres moyens ; et ne pouvant plus chanter, il dansait.

C'était en effet le ballet qui faisait alors la fortune de l'Opéra, et MM. Fontaine et Percier eurent à composer les décorations de *Télémaque*, du *Jugement de Páris*, de *Psyché*, ballets restés longtemps célèbres. Peu après, M. Célérier, devenu suspect, fut obligé de déposer la direction de l'Opéra. On nomma un comité central, qui administra pendant plusieurs années : MM. Fontaine et Percier firent partie de ce conseil suprême ; on peut donc les compter au nombre de ceux qui ont dirigé les destinées de l'Opéra , et donné des lois à cet empire, assez difficile à gouverner.

Cependant le temps marchait; le siècle allait s'achever. Chaque jour apportait à la France un espoir nouveau. L'argent osait reparaître, et déjà on essayait le luxe. M. Fontaine fut chargé avec M. Percier de travaux importants , et, devenus à la mode, ils se virent bientôt appelés à restaurer de nobles habitations, à renouveler d'anciennes splendeurs.

Ce qui les désignait au choix des fortunes impatientes ou rassurées, c'était l'intelligence soigneuse , l'harmonie d'ensemble et de détails qui caractérisaient toutes leurs opérations. Ils ne bornaient pas leur tâche aux travaux d'architecture ou de décoration ; ils étendaient leur sollicitude aux meubles, aux bronzes, aux cristaux, jusqu'à ces accessoires qui paraissent futiles, mais qui font la vie d'une habitation, et auxquels ils assignaient des contours tout nouveaux, comprenant bien qu'après d'aussi terribles agitations et des secousses aussi violentes, il fallait tout refaire, tout rajeunir, tout renouveler. Ils changèrent donc la forme de toutes choses, et firent la *mise en scène* des habitations, comme ils avaient fait celle de *Lucrèce*. N'ayant pas le choix du style, ils durent se conformer au goût et aux exigences du temps; le meuble le plus vulgaire devint grec ou romain. Dans un pays que des consuls gouvernaient, tout le monde voulut avoir sa chaire curule. C'était une époque d'ensemble, et nul ne résistait à ce débordement classique. Déjà l'on entrait à Paris par des temples antiques, et l'on pouvait se croire à

Athènes ou à Rome, jusqu'au moment où le commis de l'oc-
troi venait à se montrer entre les colonnes. Ils marchèrent
donc hardiment dans la voie où les avaient précédés des
poëtes comme les deux Chénier, des peintres comme David,
des musiciens comme Cherubini et Méhul. Ils contribuèrent
plus que chacun peut-être à donner à ce temps un style qu'on
ne peut méconnaître, parce que, l'appliquant aux choses or-
dinaires de la vie, ils le faisaient pénétrer dans la maison et
dans les habitudes du citoyen. Ils ont ainsi préparé à leurs
successeurs une grande jouissance, celle de défaire tout ce
qu'ils avaient fait, et de devenir aussi gothiques, aussi by-
zantins, aussi *renaissance* qu'eux-mêmes avaient été Grecs et
Romains.

Il y avait dans la rue *Chantereine*, qui devint bientôt la
rue *de la Victoire*, une maison appartenante à M. de Chauvelin, ancien ambassadeur de France en Angleterre. MM. Fontaine et Percier venaient d'y déployer toutes les séductions
de leur art. Toute leur fortune sortit de cette maison.

La maison voisine appartenait au général Bonaparte. Déjà
premier consul, il habitait alors le Luxembourg. Un jour,
M. Isabey vint apprendre aux deux amis que madame Bonaparte, dont il faisait le portrait, avait vu la maison de
M. Chauvelin, qu'elle en était charmée, qu'elle voulait voir
les auteurs de cette élégante restauration, et leur demander
des projets pour le château de la Malmaison, dont elle venait
de faire l'acquisition, et que le premier consul se proposait
d'embellir. Peu de jours après, M. David les conduisit au
Luxembourg.

A peine madame Bonaparte avait-elle eu le temps de con-
firmer le message dont elle avait chargé M. Isabey, une porte

s'ouvrit, et l'homme qui avait déjà porté si haut les destinées de la France parut, vêtu de cette redingote grise devenue historique. Nous laisserons ici parler M. Fontaine, en abrégeant toutefois son récit.

« Le premier consul alla aussitôt droit à David ; et, l'ayant salué par son nom, il lui demanda ce qu'étaient devenus les chefs-d'œuvre d'art envoyés d'Italie en France après le traité de Tolentino. David ne s'attendait pas à cette question ; il hésita un moment, et répondit qu'il les croyait déposés dans les salles du rez-de-chaussée au Louvre. « Eh bien, dit le général, j'ai envie d'aller voir cela tout de suite avec vous. Pourquoi, continua-t-il vivement, ne mettrait-on pas toutes ces belles choses sous le magnifique dôme des Invalides ? Ce serait un hommage que l'on rendrait à l'armée qui en a fait la conquête ! » David, plus embarrassé qu'à la première question, répondit en hésitant encore : « L'idée est belle, elle est grande, elle est digne ; mais je ne sais si le dôme et l'église ont une étendue suffisante. D'ailleurs voilà, dit-il en montrant Percier, des architectes qui connaissent les dimensions de l'édifice. » Le premier consul s'étant approché de nous, Percier recula et ne répondit rien. Il vint ensuite directement à moi, qui étais resté derrière, et me répéta sa phrase. J'oubliai entièrement le héros, continue M. Fontaine, je ne vis plus que l'homme à la redingote grise, et je répliquai, sans phrases, sans préambule : « Je n'approuve pas cette idée. Si l'on veut élever à l'armée des trophées de reconnaissance dans son palais de retraite, ce sont les drapeaux pris par elle à l'ennemi qu'il faut suspendre aux voûtes de l'église des Invalides. » Un silence profond succéda à ma boutade. Je restai interdit et un peu effrayé de ma vivacité, surtout lorsque le premier consul,

s'étant éloigné de nous sans répondre, se retourna et dit :
« Attendez-moi, nous allons voir tout cela. » Et il sortit. Madame Bonaparte nous montra quelques dessins de la Malmaison, nous entretint de ses projets, et nous attendîmes. »

Ils attendirent trois heures. Le premier consul reparut,
adressa quelques paroles à des généraux de l'armée d'Égypte
qui se trouvaient dans la salle, descendit rapidement l'escalier et monta en voiture. Le général Murat se plaça à la gau-
che du premier consul, David se mit en face avec les deux
architectes, et l'on partit pour le Musée.

On avait à peine eu le temps de prévenir M. Dufourny, directeur du Musée. Les salles étaient encombrées de caisses,
dans lesquelles reposaient encore les nobles statues. Mais au
milieu de ces marbres endormis, trois marbres souverains,
le Laocoon, la Vénus, l'Apollon, rendus à la lumière, ou plutôt
brillant de leur lumière, et rayonnant dans l'ombre, éclai-
raient de leur tranquille majesté les galeries profondes. Le
héros contempla sa glorieuse conquête, puis, s'éloignant en
silence, il quitta le Louvre, livrant les trois artistes à leurs
méditations, laissant David mécontent, Fontaine découragé,
et Percier aussi calme que les antiques statues.

Mais, peu de jours après, M. David vint rendre le courage
à M. Fontaine, ou plutôt lui apporter la fortune ; je veux
dire la fortune qu'ambitionne l'artiste, celle qui réalise
ses rêves et lui ouvre l'avenir. Le premier consul, renonçant
à son idée, qui cependant, comme l'avait dit David, était
belle, grande et digne, adoptait entièrement le parti que
M. Fontaine avait si nettement proposé. Les statues reste-
raient au Musée, les drapeaux seraient portés aux Invalides.

Une fête nationale aurait lieu, à laquelle assisteraient les consuls et les grands corps de l'État. Une commission, présidée par le général César Berthier, et dont faisaient partie MM. David, Percier et Fontaine, devait tout diriger. Mais ces deux derniers étaient seuls chargés de la translation des drapeaux, de leur arrangement, et des dispositions de la fête.

A dater de ce jour, le nom des deux architectes, entrés ensemble dans l'histoire de nos monuments, n'en doivent plus sortir. La Malmaison d'abord, puis Saint-Cloud, Compiègne, Versailles, Fontainebleau, le Louvre et les Tuileries, tous ces grands édifices, couverts d'un voile de deuil, sortent de leurs mains brillants d'une vie nouvelle ou rendus à leur éclat passé. Ils unissent leurs efforts dans l'exécution de vastes travaux ou dans la conception de projets plus vastes encore, qu'il ne leur sera pas donné d'accomplir. Napoléon les presse et les excite. Chaque jour amène une pensée nouvelle. La Bibliothèque, l'Opéra, le temple destiné à la Gloire, le palais du roi de Rome, sont vingt fois tracés ou plutôt construits sur le papier. Ils consacrent de longues et nombreuses études à ce projet si souvent poursuivi, de joindre l'un à l'autre ces deux nobles palais jetés comme au hasard sur le bord de la Seine, et que le caprice des rois et des architectes semble n'avoir séparés que pour inspirer à leurs successeurs le désir de les réunir ; problème vainement cherché, rêve si longtemps espéré, qu'une volonté souveraine a su réaliser, puisque déjà les deux palais ont marché l'un vers l'autre, confondu leurs antiques assises et ouvert leurs portiques nouveaux ; travail immense et rapide d'un autre artiste habile, que la mort plus rapide encore a frappé sur la pierre ébauchée, et que l'Académie n'a possédé que pour le perdre et inscrire son nom sur une liste douloureuse (1)!

Mais, au milieu de ces études et de ces espoirs, MM. Fontaine et Percier ne négligent pas le présent. Ils appellent et répandent partout l'air et la lumière, et ouvrent ainsi ces travaux utiles, continués avec persévérance sous tous les régimes, et qui ont changé l'aspect de la capitale. Les abords des Tuileries sont dégagés; ils font la rue de Rivoli, ou, pour mieux dire, ils commencent cette grande voie aujourd'hui si rapidement achevée. Ils construisent le grand escalier du Musée; ils élèvent l'arc de triomphe du Carrousel, seul monument qu'ils aient pu nous laisser. Les grandes époques de l'empire leur fournissent d'autres travaux. Pour toutes les fêtes ils élèvent des décorations si belles, si brillantes, si hardies, si bien inspirées, qu'on vient de toutes parts admirer ces monuments de toile que le vent devait emporter le lendemain. Ces beaux dessins existent encore, et si la baguette d'une fée venait à les animer, toute une ville de marbre sortirait de ces portefeuilles remplis de splendeurs.

Nous avons raconté de la vie de M. Fontaine les événements les plus intéressants; nous avons dit les obstacles pénibles, sans cesse renaissants, que les artistes ne rencontrent que trop souvent aux premiers pas de leur carrière; nous l'avons montré luttant contre la mauvaise fortune, obscur et découragé; mais il a atteint le point le plus élevé du sentier difficile, et sa vie est désormais éclairée d'une vive lumière.

---

(1) MM. Huvé, Blouet, Blondel, Onslow, Aristide Dumont, Fontaine, Achille Le Clère, Visconti, que l'Académie a perdus en 1853.

Sa capacité reconnue, sa connaissance profonde des affaires de l'architecture, la souplesse de son esprit le rendirent nécessaire, et il resta toujours maître suprême du Louvre, des Tuileries et d'autres grands palais, conservant ce sceptre modeste que les révolutions semblaient affermir dans ses mains.

Dès les premières années de son règne, Louis XVIII lui avait demandé la construction de la chapelle expiatoire de la rue d'Anjou. C'est dans ce monument d'un beau caractère, d'un style ferme, noble, original, et d'un grand aspect, malgré ses petites proportions, qu'on peut apprécier le génie de M. Fontaine, puisqu'il est l'ouvrage de sa seule inspiration. M. Fontaine n'a jamais remarqué, et on peut le remarquer pour lui, qu'en exécutant ce monument, il remplissait réellement le programme du concours de 1785. Mais cette fois ce n'était pas une Académie qui le demandait, c'était l'histoire elle-même qui le lui imposait. On doit regretter vivement que presque toute la carrière de M. Fontaine ait été employée à des restaurations, à des appropriations, et qu'il lui soit resté si peu de temps à donner à de véritables œuvres d'art, à des créations véritables. C'est la faute du temps où il a vécu : pendant cinquante ans il a été l'architecte des révolutions.

Tout le monde connaît la confiance que le roi Louis-Philippe avait dans son architecte M. Fontaine, et le dévouement sans bornes, l'affection sincère que celui-ci portait à ce roi si bon, à cette famille si digne de respect, qu'il avait eu le temps d'apprendre à aimer, puisque le duc d'Orléans avait, dès son retour en France, appelé auprès de lui l'architecte célèbre qui avait su mériter le choix de Napoléon.

M. Fontaine conserva toujours la plus profonde gratitude,
et comme un culte respectueux , pour les deux souverains
dont la mémoire lui était chère. Napoléon l'avait tiré de la
foule, l'avait appelé près du trône éclatant, et avait conféré
à l'artiste, d'abord inconnu , le titre brillant de premier architecte de l'empire. Louis-Philippe l'avait traité en ami
plus qu'en prince , l'admettait dans son intimité , et avait
reçu ses derniers services. En 1815, M. Fontaine voulut voir
une dernière fois le héros que la fortune avait trahi, et qui
s'était retiré à la Malmaison, où se pressaient tant de souvenirs. M. Fontaine arrive seul, il traverse les salons déserts,
il cherche l'empereur; mais celui que de si grandes infor-
tunes accablaient dormait d'un sommeil paisible , que
M. Fontaine n'osa troubler. Après la chute de la monarchie
de juillet, M. Fontaine écrivit au roi malheureux, et il nous
a conservé dans ses mémoires la réponse touchante et ré-
signée du monarque exilé.

M. Fontaine avait depuis longtemps disposé sa vie de la
façon la plus régulière et la plus active. Dès cinq heures du
matin, on le trouvait au travail dans son cabinet de l'hôtel
d'Angiviller, et accessible à tous. Malgré des dehors quelquefois secs et peu encourageants, il était bon et affectueux.
Un jour, un artiste honorable, avec lequel il avait eu quelques
relations, se présente à lui ; M. Fontaine savait que cet artiste
venait de perdre une partie de sa fortune; il devine aux premiers mots l'objet de la visite : « Je suis très-occupé, dit-il au
visiteur ému , et ne pourrais vous entendre. Mon secrétaire
est là, dans la chambre voisine, en voici la clef; faites-moi
l'amitié d'y prendre la somme qui vous est nécessaire, que je
n'ai pas besoin de connaître, et permettez-moi d'achever mon

travail. » L'artiste dut se conformer à cette exigence assez
rare ; et lorsqu'il vint plus tard, plein de joie et de reconnaissance, pour acquitter sa dette et remercier son créancier :
« Je suis bien pressé, lui dit M. Fontaine ; voici ma clef,
faites-moi l'amitié de serrer cet argent, et permettez-moi
d'achever mon travail. « Je n'ai pas besoin de dire que cette
anecdote ne figure pas dans les manuscrits de M. Fontaine.

A midi, M. Fontaine allait visiter ses nombreux travaux.
A six heures, il allait achever sa journée dans la retraite
qu'il s'était choisie, au sein de la famille qu'il avait adoptée.
C'était une demeure agréable, presque somptueuse, entourée
de vastes jardins et décorée de beaucoup d'objets d'art, mais
singulièrement située. Elle était très-voisine d'un lieu trop
célèbre : elle touchait au cimetière du Père-Lachaise. Il avait
espéré que ses amis, MM. Bernier et Percier, partageraient
cette philosophique retraite. Mais ceux-ci, faibles et valétu-
dinaires, ne voulurent pas faire d'avance l'inévitable chemin.
Le soir, il dessinait ou travaillait à ses intéressants et
nombreux manuscrits ; car, outre le volume que nous avons
décrit, et qui contient sa vie, il a laissé cinq volumes in-
folio de correspondances, de notes journalières. A dix
heures, il montait en voiture et retournait à l'hôtel d'Angiviller, où il couchait, pour recommencer le lendemain la
journée de la veille.

M. Fontaine avait été élu membre de l'Institut en 1811.
La même année, l'empereur le nomma chevalier de la Légion
d'honneur. La Restauration le fit officier, et lui donna le cor-
don de Saint-Michel. Le roi Louis-Philippe le fit comman-
deur. Il était de presque toutes les Académies de l'Europe.

Les fonctions dont il était chargé le mettaient souvent

dans des positions difficiles. Plus d'une fois il a dû faire fléchir ses convictions d'artiste et d'homme de goût devant d'impérieuses nécessités. Dans ces occasions pénibles, l'art devait descendre de ses hauteurs, et le beau céder le pas à l'utile. M. Fontaine savait alors trouver dans l'art lui-même des adoucissements aux coups qu'il allait lui porter et aux blessures dont il souffrait le premier. Il possédait une qualité précieuse, et qui caractérise surtout la nature de son esprit : c'était une double faculté d'improvisation qui lui permettait d'exécuter rapidement le projet qu'il avait rapidement conçu. Doué d'un coup d'œil sûr et d'un jugement net, dès qu'il voyait le but, il touchait les moyens, et alors qu'une nécessité lui était démontrée, il en devinait toutes les conséquences. Il prenait à l'instant toutes ses dispositions, et faisait mouvoir les murailles, comme un général, sur le champ de bataille, dispose de ses escadrons. Dès la première visite qu'il fit à la Malmaison, il entendit le premier consul se plaindre de la fâcheuse distribution d'une partie des appartements. Dix jours après (on était encore sous le régime du décadi), ces pièces obscures, étroites, incommodes, avaient disparu, et avaient fait place à une bibliothèque spacieuse, pleine de lumière, et ce qui valait mieux encore, pleine de livres ; et de livres si bien choisis, si conformes au goût du maître, que celui-ci dans un ravissement qu'il ne chercha pas à dissimuler, passa quatre heures dans cette bibliothèque improvisée.

M. Fontaine avait l'esprit cultivé, et aimait surtout les lettres italiennes. Il s'est occupé jusqu'à ses derniers jours de traduire un poëme célèbre, *les Animaux parlant,* de Casti. Il réunissait plusieurs des nombreuses connaissances que Vitruve, trop exigeant peut-être, impose à l'architecte : savoir, le dessin, la géométrie, l'arithmétique, la philosophie; l'optique, à cause des effets de lumière; la musique, à cause des effets d'acoustique; la médecine, pour reconnaître les lieux sains ou insalubres ; la jurisprudence, à cause des murs mitoyens ; et l'astronomie, à cause des cadrans solaires. Excepté l'astronomie, que l'horloger rend inutile; la médecine, dont il n'eut jamais besoin ; et la musique, qu'il n'aimait pas, M. Fontaine savait beaucoup de ces choses-là. J'ai oublié de dire à quoi pouvait servir la philosophie; elle devait servir, toujours au dire de Vitruve, à donner à l'architecte une âme grande et hardie sans arrogance, et à lui apprendre à être fidèle, équitable, et surtout exempt d'avarice. Que le monde n'est-il plein de philosophes, ou d'architectes !

Dans ses dernières années, M. Fontaine ne sortait guère de sa retraite que pour venir assister fidèlement à nos séances et partager les travaux de la section d'architecture. Il aimait aussi à se rendre au conseil des bâtiments civils, dont il avait été nommé président honoraire en 1849, après sa démission, et qu'il présidait encore huit jours avant sa mort. Il est mort le crayon à la main, le 10 octobre 1853. Il a été remplacé à l'Académie par M. Gilbert.

PARIS. — TYPOGRAPHIE DE FIRMIN DIDOT FRÈRES,

IMPRIMEURS DE L'INSTITUT IMPÉRIAL, RUE JACOB, 56.

www.ingramcontent.com/pod-product-compliance
Lightning Source LLC
Chambersburg PA
CBHW051740050726
47598CB00003B/1278